The Forgotten Dragon and Other Bilingual Danish-English Stories for Children

Coledown Bilingual Books

Published by Coledown Bilingual Books, 2023.

While every precaution has been taken in the preparation of this book, the publisher assumes no responsibility for errors or omissions, or for damages resulting from the use of the information contained herein.

THE FORGOTTEN DRAGON AND OTHER BILINGUAL DANISH-ENGLISH STORIES FOR CHILDREN

First edition. July 18, 2023.

ISBN: 979-8223788713

Written by Coledown Bilingual Books.

Table of Contents

Lille Freja og Den Eventyrlige Kanin

Der var engang en lille pige ved navn Freja. Hun boede i en hyggelig lille landsby midt i skoven. Freja var en eventyrlysten pige med krøllet rødt hår og ét grønt øje og ét blåt øje, som skinnede som stjernerne på en klar nattehimmel.

Freja havde en bedste ven, som var noget helt særligt. Hendes bedste ven var en kanin ved navn Kvik. Kvik var ikke en almindelig kanin; han var en talende kanin med en imponerende evne til at forstå mennesker og andre dyr.

Kvik og Freja var uadskillelige. De tilbragte timevis sammen med at udforske skoven, lege gemmeleg og fortælle hinanden eventyr. Ingen kunne forstå Freja som Kvik kunne, og ingen kunne forstå Kvik som Freja kunne.

Den Mystiske Forsvinden

En morgen vågnede Freja op og opdagede, at Kvik var forsvundet. Hendes hjerte sank, og tårerne trillede ned ad hendes kinder. Hun ledte overalt i skoven, råbte hans navn, men der var ingen tegn på Kvik.

Freja vidste, at der måtte være noget galt. Kvik ville aldrig forlade hende uden at sige farvel. Med en fast beslutning om at finde sin bedste ven gik Freja i gang med sin søgen.

Hun spurgte de andre dyr i skoven, om de havde set Kvik, men ingen havde. Til sidst kom Freja til et stort gammelt træ. Det var kendt for at være magisk og have svar på de mest gådefulde spørgsmål.

Freja bankede forsigtigt på træets bark og hviskede, "Kære træ, har du set min bedste ven Kvik?"

Træet knirkede og svarede med en dyb stemme: "Ja, jeg har set ham. Han er taget til Eventyrland."

Rejsen til Eventyrland

Freja blev fyldt med både frygt og spænding ved tanken om Eventyrland. Hun vidste, at det ville være en farlig rejse, men hun kunne ikke lade Kvik være der alene.

Træet rakte en fortryllet nøgle til Freja og fortalte hende: "Denne nøgle vil åbne porten til Eventyrland. Vær forsigtig og pas på dig selv."

Freja takkede træet og begav sig afsted. Hun vandrede gennem skoven og kom til en stor, gammel jernport. Med nøglen åbnede hun porten og trådte ind i en magisk verden.

Eventyrland var fyldt med farverige blomster, snakkende dyr og mystiske væsner. Freja vidste, at hun skulle være opmærksom og finde sin vej gennem denne fortryllede verden.

Mødet med Magi

Efter at have vandret gennem Eventyrland i mange timer, kom Freja endelig til en glitrende flod. Midt i floden var der en lille båd, der ventede på hende.

Freja steg ombord på båden og roede forsigtigt over den glitrende flod. På den anden side så hun et tårn af æbleskrog. Da hun nærmede sig tårnet, hørte hun en velkendt stemme, der sagde, "Freja, er det dig?"

Det var Kvik! Han var fanget i tårnet af en ond troldmand ved navn Zargon. Freja vidste, at hun skulle finde en måde at befri Kvik på.

Hun så sig omkring og bemærkede en magisk tryllestav på jorden. Med forsigtighed greb hun den og rettede den mod tårnet. "Abrakadabra, frigør min ven!" råbte Freja.

Med et brag blev tårnet til aske, og Kvik stod fri. De omfavnede hinanden og vidste, at de havde overvundet en stor prøvelse sammen.

En Venskabets Magi

Freja og Kvik vendte tilbage til landsbyen, hvor de blev budt velkommen med åbne arme af alle. Landsbyens borgmester var så imponeret over deres eventyr, at han udpegede dem til de officielle eventyrfortællere.

Fra den dag af delte Freja og Kvik deres eventyr med alle i landsbyen. De tog på nye eventyr sammen og lærte andre om venskabets magi.

Hver aften, når stjernerne kom frem på himlen, sad Freja og Kvik sammen under et træ og fortalte hinanden historier om eventyr og venskab.

Lille Freja og Den Eventyrlige Kanin, Frejas bedste ven, havde bevist, at intet kunne adskille dem. Sammen havde de oplevet fantastiske eventyr, overvundet forhindringer og fundet venskabets sande betydning.

Så længe stjernerne skinnede og hjertet var fyldt med eventyrlyst, ville Freja og Kvik forblive uadskillelige og fortsætte med at dele deres vidunderlige historier med verden.

Slut

Little Freya and the Enchanted Rabbit

Once upon a time, there was a little girl named Freya. She lived in a cozy little village in the middle of the forest. Freya was an adventurous girl with curly red hair and one green eye and one blue eye that shone like the stars on a clear night sky.

Freya had a best friend who was quite extraordinary. Her best friend was a rabbit named Swift. Swift was not an ordinary rabbit; he was a talking rabbit with an impressive ability to understand humans and other animals.

Swift and Freya were inseparable. They spent hours together exploring the forest, playing hide-and-seek, and telling each other stories. No one understood Freya like Swift did, and no one understood Swift like Freya did.

The Mysterious Disappearance

One morning, Freya woke up and discovered that Swift was missing. Her heart sank, and tears rolled down her cheeks. She searched everywhere in the forest, calling his name, but there was no sign of Swift.

Freya knew something must be wrong. Swift would never leave her without saying goodbye. With a determined resolve to find her best friend, Freya embarked on her quest.

She asked the other animals in the forest if they had seen Swift, but none had. Finally, Freya arrived at a large old tree. It was known to be magical and have answers to the most puzzling questions.

Freya gently tapped on the tree's bark and whispered, "Dear tree, have you seen my best friend Swift?"

The tree creaked and replied in a deep voice, "Yes, I have seen him. He has gone to the Land of Enchantment."

Journey to the Land of Enchantment

Freya was filled with both fear and excitement at the thought of the Land of Enchantment. She knew it would be a dangerous journey, but she couldn't leave Swift there alone.

The tree handed Freya an enchanted key and told her, "This key will open the gate to the Land of Enchantment. Be careful and take care of yourself."

Freya thanked the tree and set off. She walked through the forest and arrived at a large, old iron gate. With the key, she opened the gate and stepped into a magical world.

The Land of Enchantment was filled with colorful flowers, talking animals, and mystical creatures. Freya knew she had to stay alert and find her way through this enchanted world.

Meeting Magic

After wandering through the Land of Enchantment for many hours, Freya finally reached a sparkling river. In the middle of the river, there was a small boat waiting for her.

Freya boarded the boat and rowed gently across the shimmering river. On the other side, she saw a tower made of apple peels. As she approached the tower, she heard a familiar voice say, "Freya, is that you?"

It was Swift! He was trapped in the tower by an evil sorcerer named Zargon. Freya knew she had to find a way to free Swift.

She looked around and noticed a magical wand on the ground. With caution, she picked it up and pointed it at the tower. "Abracadabra, set my friend free!" Freya shouted.

With a loud crash, the tower turned to ashes, and Swift stood free. They embraced each other, knowing they had overcome a great trial together.

The Magic of Friendship

Freya and Swift returned to the village, where they were welcomed with open arms by everyone. The village mayor was so impressed by their adventure that he appointed them as the official storytellers of the village.

From that day on, Freya and Swift shared their adventures with everyone in the village. They embarked on new adventures together and taught others about the magic of friendship.

Every evening, when the stars came out in the sky, Freya and Swift sat together under a tree, telling each other stories of adventure and friendship.

Little Freya and the Enchanted Rabbit, Freya's best friend, had proven that nothing could separate them. Together, they had experienced marvelous adventures, overcome obstacles, and discovered the true meaning of friendship.

As long as the stars shone and their hearts were filled with a sense of adventure, Freya and Swift would remain inseparable, continuing to share their wonderful stories with the world.

The End

Den Magiske Musikkasse

Der var engang en lille pige ved navn Liva. Hun boede i en hyggelig landsby omgivet af frodige marker og høje bjerge. Liva havde krøllet brunt hår og et sæt nysgerrige brune øjne, der altid var fyldt med eventyrlyst.

Liva elskede at udforske og opdage nye ting. Hendes yndlingsbeskæftigelse var at gå på opdagelse i sin mormors loftsrum, der var fyldt med gamle bøger og mystiske genstande. Der var én ting, der altid fangede Livas opmærksomhed - en magisk musikkasse.

Musikkassen havde smukke, indgraverede mønstre og var dækket af et tyndt lag støv. Liva kunne ikke modstå fristelsen og åbnede forsigtigt låget. Straks fyldte en betagende melodi rummet og skabte en atmosfære af fortryllelse.

Rejsen Begynder

En dag, mens Liva sad og lyttede til musikken fra musikkassen, åbnede der sig pludselig en hemmelig dør i væggen bag hende. Uden at tøve trådte Liva ind i den skjulte passage og blev mødt af en verden, hun aldrig havde set før.

Det var et magisk land fyldt med eventyr. Sølvtræer strakte sig mod himlen, og blomsterne glimtede som ædelstene. Liva vidste, at hun var blevet kaldt til dette sted for at udforske og redde landet fra en ond kraft, der truede med at ødelægge alt.

For at begynde sin mission skulle Liva finde fire magiske genstande spredt ud over landet: en lysende stjerne, en fortryllet kugle, en vingespejl og en tidskrystal. Disse genstande var nøglen til at besejre ondskaben og genoprette freden.

Venner og Fjender

På sin rejse mødte Liva forskellige væsner - nogle venlige og nogle fjendtlige. Hun fandt en talende due ved navn Oliver, der blev hendes trofaste følgesvend og guide i det magiske land.

Sammen krydsede de farlige skove, beundrede glitrende vandfald og udforskede forladte slotte. De blev også konfronteret med farlige væsner som drager og trolde, der forsøgte at forhindre dem i at fuldføre deres mission.

Undervejs mødte Liva også nogle usandsynlige venner - en flok glitrende elverpiger og en modig enhjørning ved navn Stella. De delte deres visdom og gav Liva styrke til at fortsætte sin rejse.

Overvindelse og Sejr

Efter mange strabadser og farlige eventyr lykkedes det endelig Liva at samle alle de magiske genstande. Med den lysende stjerne, den fortryllede kugle, vingespejlet og tidskrystallen var hun klar til det endelige opgør med ondskaben.

Liva og hendes venner samledes på toppen af det højeste bjerg, hvor den onde troldmand, Zargoth, ventede. En episk kamp begyndte, hvor Liva brugte de magiske genstande til at kaste besværgelser og forvandle ondskaben til godhed.

Efter en langstrakt kamp blev Zargoth endelig besejret, og det magiske land blev genoprettet i sin fulde herlighed. Blomsterne blomstrede i de smukkeste farver, og en varm brise fyldte luften med lyden af glæde.

Tilbage til Virkeligheden

Efter sin store sejr blev Liva ført tilbage til sin egen verden gennem den hemmelige dør. Hun lukkede låget på musikkassen og stod foran sin mormors loft igen, som om intet var sket.

Men Liva vidste, at hendes eventyr havde ændret hende for altid. Hun havde lært om mod, venskab og betydningen af at tro på sig selv. Nu ville hun altid være klar til nye eventyr og udfordringer.

Liva lagde musikkassen tilbage på sin plads og gik ud i verden med et smil på læben og eventyrlyst i sit hjerte, klar til at skabe sin egen magi og inspirere andre til at gøre det samme.

Den Magiske Musikkasse havde ført Liva på en fantastisk rejse gennem et magisk land fyldt med eventyr og farer. Gennem hendes mod og vedholdenhed havde hun reddet landet og opdaget sin egen indre styrke.

Selvom Liva nu var tilbage i sin egen verden, ville minderne om hendes eventyr altid være med hende. Og når hun lyttede til musikken fra den magiske musikkasse, ville hun blive mindet om, at eventyr altid ventede lige om hjørnet for dem, der troede på magi.

Slut

The Magical Music Box

Once upon a time, there was a little girl named Liva. She lived in a cozy village surrounded by lush fields and towering mountains. Liva had curly brown hair and a pair of curious brown eyes that were always filled with a sense of adventure.

Liva loved to explore and discover new things. Her favorite pastime was rummaging through her grandmother's attic, which was filled with old books and mysterious objects. One thing always caught Liva's attention - a magical music box.

The music box had beautiful engraved patterns and was covered in a thin layer of dust. Unable to resist, Liva gently opened the lid. Immediately, a captivating melody filled the room, creating an atmosphere of enchantment.

The Journey Begins

One day, while Liva was listening to the music from the music box, a secret door suddenly opened in the wall behind her. Without hesitation, Liva stepped into the hidden passage and was greeted by a world she had never seen before.

It was a magical land filled with adventure. Silver trees reached toward the sky, and the flowers sparkled like gemstones. Liva knew she had been summoned to this place to explore and save the land from an evil force that threatened to destroy everything.

To begin her mission, Liva had to find four magical objects scattered throughout the land: a shining star, an enchanted sphere, a winged mirror, and a time crystal. These objects held the key to defeating the evil and restoring peace.

Friends and Foes

On her journey, Liva encountered different creatures - some friendly and some hostile. She found a talking dove named Oliver, who became her loyal companion and guide in the magical land.

Together, they crossed dangerous forests, admired sparkling waterfalls, and explored abandoned castles. They also faced dangerous creatures like dragons and trolls, who tried to prevent them from completing their mission.

Along the way, Liva also encountered some unlikely friends - a group of shimmering fairy girls and a courageous unicorn named Stella. They shared their wisdom and gave Liva the strength to continue her journey.

Overcoming and Victory

After many hardships and perilous adventures, Liva finally managed to gather all the magical objects. With the shining star, the enchanted sphere, the winged mirror, and the time crystal, she was ready for the ultimate showdown with the evil.

Liva and her friends gathered at the top of the tallest mountain, where the evil sorcerer Zargoth awaited. An epic battle ensued, with Liva using the magical objects to cast spells and transform the darkness into goodness.

After a fierce battle, Zargoth was finally defeated, and the magical land was restored to its full glory. Flowers bloomed in the most vibrant colors, and a warm breeze filled the air with sounds of joy.

Back to Reality

After her great victory, Liva was led back to her own world through the secret door. She closed the lid of the music box and stood in front of her grandmother's attic again, as if nothing had happened.

But Liva knew that her adventure had changed her forever. She had learned about courage, friendship, and the importance of believing in oneself. Now she would always be ready for new adventures and challenges.

Liva placed the music box back in its place and stepped out into the world with a smile on her face and a sense of adventure in her heart, ready to create her own magic and inspire others to do the same.

The Magical Music Box had led Liva on a marvelous journey through a magical land filled with adventure and dangers. Through her bravery and perseverance, she had saved the land and discovered her own inner strength.

Although Liva was now back in her own world, the memories of her adventure would always stay with her. And when she listened to the music from the magical music box, she would be reminded that adventure always awaited just around the corner for those who believed in magic.

The End

Den Hemmelige Hule

Der var engang en lille dreng ved navn Emil. Han boede i en hyggelig landsby ved havet. Emil havde ravfarvet hår og et par nysgerrige blå øjne, der altid skinnede af eventyrlyst.

En dag, mens Emil gik langs stranden og samlede skaller, opdagede han noget mærkeligt. Blandt sandet og tangen så han en lille, hemmelig indgang, der førte til en skjult hule.

Emil kunne ikke modstå fristelsen og kravlede ind i hulen. Inde i hulen var der et fortryllet landskab af glitrende krystaller og farverige planter. Det var som om han var trådt ind i en helt anden verden.

Mødet med Skovvæsnet

Mens Emil udforskede hulen, hørte han pludselig en lille stemme. Han vendte sig om og så et skovvæsen ved navn Viggo. Viggo var en venlig og sjov skabning med grønne øjne og en skæv næse.

Viggo viste Emil rundt i den magiske hule og fortalte ham om de skjulte skatte, der gemte sig derinde. Der var magiske perler, der kunne opfylde ønsker, og flyvende planter, der tog en med på eventyrlige rejser.

Emil og Viggo blev hurtigt bedste venner og brugte mange timer sammen med at udforske den hemmelige hule og opdage dens utrolige hemmeligheder.

Den Forheksede Sø

En dag fortalte Viggo Emil om en forheksede sø dybt inde i hulen. Sigende skulle søen have helbredende kræfter og kunne opfylde de inderste ønsker hos dem, der turde svømme i dens vande.

Emil var nysgerrig og ivrig efter at opleve søens magi. Sammen begav de sig gennem mørke gange og fortryllede korridorer for at finde søen.

Da de endelig nåede frem til søen, dykkede Emil ned i det glitrende vand og mærkede en varm og beroligende følelse strømme igennem sig. Han lukkede øjnene og ønskede af hele sit hjerte at sprede glæde og lykke til alle omkring ham.

En Magisk Mission

Efter at have oplevet søens magi følte Emil og Viggo sig mere modige og besluttede sig for at bruge deres nye kræfter til at hjælpe andre.

De begav sig ud på en magisk mission for at finde folk, der havde brug for deres hjælp. De hjalp bortkomne dyr med at finde hjem, lærte bange børn at overvinde deres frygt og hjalp ældre med at genfinde deres ungdommelige glæde.

Emil og Viggo opdagede, at deres handlinger af venlighed og omsorg skabte en bølge af glæde og lykke omkring dem. De forstod, at selv de mindste handlinger kunne have en stor indvirkning på verden omkring dem.

Farvel til Hulen

Efter mange eventyr og hjælpeaktioner kom dagen, hvor Emil og Viggo måtte sige farvel til den hemmelige hule. De vidste, at deres tid sammen var ved at nå sin ende.

Emil og Viggo havde lært utroligt meget af hinanden. De forstod, at venskab, mod og medfølelse var de mest værdifulde skatte i verden.

Mens de stod ved indgangen til hulen, gav Emil Viggo et knus og sagde, "Tak for alt, Viggo. Du vil altid være i mit hjerte."

Viggo smilede og svarede, "Også i mit hjerte, Emil. Vi har delt noget særligt, som vil vare ved for evigt."

Med tårer i øjnene vendte Emil sig om og gik mod solnedgangen, med minderne om den magiske hule og hans tid med Viggo tæt inde på hjertet.

Den Hemmelige Hule havde været en magisk og eventyrlig oplevelse for Emil. Gennem hans venskab med Viggo og deres mange eventyr havde han lært vigtige lektioner om venlighed, mod og medfølelse.

Selvom Emil ikke længere kunne besøge den hemmelige hule, ville minderne om hans eventyr og venskab med Viggo altid følge ham. Og når han havde brug for det, ville han lukke øjnene og lade minderne bringe ham tilbage til den magiske verden, der havde ændret hans liv for altid.

Slut

The Secret Cave

Once upon a time, there was a little boy named Emil. He lived in a cozy village by the sea. Emil had amber-colored hair and a pair of curious blue eyes that always shone with a sense of adventure.

One day, while Emil was walking along the beach, collecting seashells, he discovered something peculiar. Amongst the sand and seaweed, he saw a small, secret entrance that led to a hidden cave.

Emil couldn't resist the temptation and crawled into the cave. Inside the cave, there was an enchanted landscape of sparkling crystals and colorful plants. It was as if he had stepped into a completely different world.

Meeting the Forest Creature

As Emil explored the cave, he suddenly heard a tiny voice. He turned around and saw a forest creature named Viggo. Viggo was a friendly and playful creature with green eyes and a crooked nose.

Viggo showed Emil around the magical cave and told him about the hidden treasures that lay within. There were magical pearls that could grant wishes and flying plants that would take one on adventurous journeys.

Emil and Viggo quickly became best friends, spending many hours together exploring the secret cave and discovering its incredible secrets.

The Enchanted Lake

One day, Viggo told Emil about an enchanted lake deep inside the cave. It was said that the lake possessed healing powers and could fulfill the deepest wishes of those brave enough to swim in its waters.

Emil was curious and eager to experience the lake's magic. Together, they ventured through dark passages and enchanted corridors to find the lake.

When they finally reached the lake, Emil dived into its shimmering waters and felt a warm and soothing sensation flow through him. He closed his eyes and wished with all his heart to spread joy and happiness to everyone around him.

A Magical Mission

After experiencing the lake's magic, Emil and Viggo felt more courageous and decided to use their newfound powers to help others.

They embarked on a magical mission to find people in need of their assistance. They helped lost animals find their way home, taught fearful children to overcome their fears, and helped the elderly rediscover their youthful joy.

Emil and Viggo discovered that their acts of kindness and compassion created a ripple of joy and happiness around them.

They understood that even the smallest actions could have a significant impact on the world around them.

Farewell to the Cave

After many adventures and acts of kindness, the day came when Emil and Viggo had to bid farewell to the secret cave. They knew that their time together was coming to an end.

Emil and Viggo had learned so much from each other. They understood that friendship, courage, and compassion were the most valuable treasures in the world.

As they stood at the entrance of the cave, Emil gave Viggo a hug and said, "Thank you for everything, Viggo. You will always be in my heart."

Viggo smiled and replied, "You'll be in my heart too, Emil. We shared something special that will last forever."

With tears in his eyes, Emil turned around and walked towards the sunset, carrying the memories of the magical cave and his time with Viggo close to his heart.

The Secret Cave had been a magical and adventurous experience for Emil. Through his friendship with Viggo and their many adventures, he learned important lessons about kindness, courage, and compassion.

Although Emil could no longer visit the secret cave, the memories of his adventures and friendship with Viggo would always stay with him. And when he needed it, he would close his eyes and let the memories transport him back to the magical world that had forever changed his life.

The End

Den Glemte Drage

For længe siden, i en verden fyldt med eventyr og magi, boede en ensom drage ved navn Ferdinand. Ferdinand var ikke som andre drager. Han var ikke frygtindgydende og ildsprudende, men tværtimod venlig og mild.

Ferdinand boede i en skjult dal langt væk fra menneskene. Han havde ingen venner og følte sig ofte ensom. Han længtes efter at finde nogen, der kunne se forbi hans skræmmende udseende og se hans kærlige hjerte.

Mødet med Lille Liva

En dag, mens Ferdinand fløj hen over dalen, opdagede han en lille pige ved navn Liva. Liva var modig og nysgerrig, og hendes øjne lyste af eventyrlyst. Da hun så Ferdinand, blev hun ikke bange, men følte en øjeblikkelig forbindelse til dragen.

Ferdinand og Liva blev venner og tilbragte meget tid sammen. De udforskede skoven, legede gemmeleg og delte hemmeligheder. Ferdinand følte sig endelig forstået og accepteret af nogen.

Dragenes Forbandelse

En dag, da Liva og Ferdinand legede ved en sø, kom de på tværs af en gammel bog gemt i en forladt hytte. Bogens sider var fyldt med trylleformularer og fortalte om en gammel forbandelse, der havde ramt dragerne.

Ifølge bogen var dragerne blevet forvandlet til farlige væsner og frygtet af mennesker. Forbandelsen kunne kun brydes af en modig sjæl, der troede på dragenes kærlighed og kunne finde en magisk juvel.

Liva og Ferdinand besluttede sig for at bryde forbandelsen og redde dragerne. De begav sig ud på en farefuld rejse gennem farlige skove og over mægtige bjerge for at finde den magiske juvel og genoprette freden mellem mennesker og drager.

Prøvelser og Venskab

Undervejs stødte Liva og Ferdinand på mange udfordringer. De blev konfronteret med frygtindgydende skabninger, krydsede vildfarne floder og overvandt forræderiske fælder. Men de gav aldrig op, for de havde hinanden som støtte og venskab.

Liva viste Ferdinand, at selvom han var anderledes, var hans venlighed og kærlighed stærkere end nogen forbandelse. Ferdinand lærte Liva om mod, tapperhed og betydningen af at tro på sig selv.

Sammen overvandt de prøvelserne og nærmede sig den skjulte grotte, hvor den magiske juvel skulle findes.

Befrielsen og Freden

Endelig nåede Liva og Ferdinand den skjulte grotte, hvor den magiske juvel lå gemt. Liva tog den forsigtigt op og rettede den mod Ferdinand, mens hun troede på dragenes kærlighed og styrke.

I et øjeblik af blændende lys blev Ferdinand forvandlet. Han skiftede fra en frygtindgydende drage til en strålende, majestætisk skabning med glødende guldskæl og vinger, der brød ud i farverige mønstre.

Forbandelsen var brudt, og dragerne blev befriet fra deres skæbne. Freden blev genoprettet mellem mennesker og drager, og de begyndte at leve sammen i harmoni og respekt.

Liva og Ferdinand blev fejret som helte og symbolet på venskab, kærlighed og mod. Deres venskab varede for evigt, og de fortsatte med at beskytte og inspirere hinanden i mange eventyr.

Den Glemte Drage, Ferdinand, og hans ven Liva havde vist verden, at det er vigtigt at se ud over overfladen og finde kærligheden og styrken i andre. Deres rejse var fyldt med prøvelser, men det var deres mod og venskab, der triumferede over forbandelsen og skabte fred.

Fra den dag af levede dragerne og menneskene side om side, og Liva og Ferdinand blev legender, der ville blive husket for evigt. Og når nogen så en drage på himlen, ville de altid mindes historien om Den Glemte Drage og kraften i ægte venskab.

Slut

The Forgotten Dragon

Long ago, in a world filled with adventure and magic, there lived a lonely dragon named Ferdinand. Ferdinand was unlike other dragons. He was not fearsome and fire-breathing, but rather kind and gentle.

Ferdinand lived in a hidden valley far away from humans. He had no friends and often felt lonely. He longed to find someone who could see beyond his intimidating appearance and see his loving heart.

Meeting Little Liva

One day, as Ferdinand flew over the valley, he spotted a little girl named Liva. Liva was brave and curious, and her eyes sparkled with a sense of adventure. When she saw Ferdinand, she wasn't afraid but instead felt an instant connection to the dragon.

Ferdinand and Liva became friends and spent a lot of time together. They explored the forest, played hide-and-seek, and shared secrets. Ferdinand finally felt understood and accepted by someone.

The Curse of the Dragons

One day, while playing by a lake, Liva and Ferdinand stumbled upon an old book hidden in an abandoned cottage. Its pages were filled with spells and told of an ancient curse that had befallen the dragons.

According to the book, dragons had been transformed into dangerous creatures feared by humans. The curse could only be broken by a courageous soul who believed in the dragons' love and could find a magical jewel.

Liva and Ferdinand decided to break the curse and save the dragons. They embarked on a perilous journey through dangerous forests and over mighty mountains to find the magical jewel and restore peace between humans and dragons.

Trials and Friendship

Along the way, Liva and Ferdinand faced many challenges. They encountered fearsome creatures, crossed treacherous rivers, and overcame cunning traps. But they never gave up because they had each other for support and friendship.

Liva showed Ferdinand that even though he was different, his kindness and love were stronger than any curse. Ferdinand taught Liva about courage, bravery, and the importance of believing in oneself.

Together, they overcame the trials and drew closer to the hidden cave where the magical jewel was said to be found.

Liberation and Peace

Finally, Liva and Ferdinand reached the hidden cave, where the magical jewel lay concealed. Liva picked it up gently and directed it towards Ferdinand, believing in the dragons' love and strength.

In a moment of dazzling light, Ferdinand transformed. He changed from a fearsome dragon into a radiant, majestic creature with glowing golden scales and wings that burst into colorful patterns.

The curse was broken, and the dragons were freed from their fate. Peace was restored between humans and dragons, and they began to live together in harmony and respect.

Liva and Ferdinand were celebrated as heroes and symbols of friendship, love, and courage. Their friendship lasted forever, and they continued to protect and inspire each other in many adventures.

The Forgotten Dragon, Ferdinand, and his friend Liva showed the world the importance of looking beyond appearances and finding the love and strength within others. Their journey was filled with trials, but it was their courage and friendship that triumphed over the curse and created peace.

From that day on, dragons and humans lived side by side, and Liva and Ferdinand became legends that would be remembered forever. And when someone saw a dragon in the sky, they would always recall the story of The Forgotten Dragon and the power of true friendship.

The End

Det Mystiske Fyrtårn

Langs kysten af en fjerntliggende ø lå der et gammelt fyrtårn. Fyrtårnet var omgivet af klipper og havets brusen, og det havde set mange skibe sejle forbi gennem årene. Men bag de gamle stenmure gemte sig en hemmelighed, som ingen havde opdaget.

Fyrtårnet blev betjent af en ensom fyrmester ved navn Alfred. Han havde sølvgråt hår og et par venlige øjne, der altid spejlede havets længsel. Han levede et simpelt liv, hvor han vogtede fyret og passede på skibene i det barske farvand.

Men en nat, da en storm rasede, opdagede Alfred noget usædvanligt. Lyset fra fyrtårnet blev reflekteret i en mystisk grotte ved foden af klipperne. Det var som om grotten kaldte på ham, og han kunne ikke modstå fristelsen til at udforske den.

Den Magiske Grotte

Alfred gik ned ad de snoede stentrapper og trådte ind i grottens mørke. Han blev mødt af en fortryllende syn. Grotten var oplyst af glødende blå krystaller, der spredte et blødt lys i rummet. Alfred følte sig som om han var trådt ind i en verden af magi.

Han gik forsigtigt fremad og opdagede et gammelt pergament, der lå på en sten. Det var en gammel fortælling om en glemt skat, der var blevet skjult af havets ånder for mange århundreder siden. Pergamentet afslørede, at skatten kunne findes ved hjælp af en hemmelig nøgle.

Jagten på Skatten

Alfred besluttede sig for at finde skatten og bringe dens magi til verden. Han satte sig for at løse gåden og finde den hemmelige nøgle, der ville åbne vejen til skatten. Han vidste, at han ikke kunne gøre det alene, så han søgte hjælp fra nogle uventede venner.

Han mødte en listig måge ved navn Matilda, der var ekspert i at finde skjulte skatte, og en eventyrlysten delfin ved navn Finn, der kendte havets hemmeligheder. Sammen begav de sig ud på en spændende rejse gennem dybe hav, farlige klippeskær og mystiske øer for at finde den magiske nøgle.

Undervejs stødte de på forhindringer og løste gåder, men deres venskab og samarbejde gjorde dem stærkere. De mødte også venlige havskabninger, der hjalp dem på deres rejse og gav dem mod og visdom.

Vejen til Skatten

Efter mange eventyr og strabadser nåede Alfred, Matilda og Finn endelig frem til den skjulte ø, hvor skatten skulle findes. De fulgte spor og ledetråde, der førte dem dybere ind i øens indre.

På toppen af et tårn af koral og tang stod de ansigt til ansigt med den hemmelige nøgle. Alfred tog nøglen i hånden og indså, at nøglen ikke kun var til skatten, men også til hans egen indre styrke og mod.

Med nøglen i hånden begav de sig ned i en dyb grotte, hvor skatten ventede. Deres øjne blev mødt af et blændende lys, da de stod foran en kiste fyldt med magiske perler og ædelstene, der strålede som stjerner.

Skattens Gave

Alfred åbnede kisten og en bølge af magi fyldte rummet. Skatten viste sig at være en samling af ønsker og drømme. Hver perle og ædelsten repræsenterede et ønske, der kunne opfyldes, og en drøm, der kunne blive virkelighed.

Alfred, Matilda og Finn tog hver en perle fra skatten og ønskede for det, der betød mest for dem. Alfred ønskede fred og sikkerhed til alle søfarende, Matilda ønskede en verden uden affald i havet, og Finn ønskede, at alle havets skabninger skulle leve i harmoni.

Skatten gav dem ikke kun ønskerne opfyldt, men også styrken til at fortsætte med at beskytte havet og dets skønhed. De vidste, at de ville vende tilbage til fyrtårnet med en mission om at sprede havets magi og bevare dets skatte for altid.

Det Mystiske Fyrtårn, Alfred, Matilda og Finn havde opdaget havets hemmeligheder og fundet en skat af ønsker og drømme. Deres rejse var fyldt med venskab, mod og opdagelse.

Fra den dag af blev fyrtårnet ikke kun et sted, der guidede skibe sikkert i havn, men også et sted fyldt med magi og håb. Havets ånder smilede ned til fyrtårnet og dets vogter, for de vidste, at deres hemmelighed var blevet opdaget og bevaret af Alfred og hans venner for altid.

Slut

The Mysterious Lighthouse

Along the coast of a remote island, there stood an old lighthouse. The lighthouse was surrounded by cliffs and the crashing waves of the sea, and it had witnessed many ships pass by throughout the years. But behind its old stone walls, a secret remained undiscovered.

The lighthouse was tended to by a lonely lighthouse keeper named Alfred. He had silver-gray hair and a pair of kind eyes that always reflected the longing of the sea. He lived a simple life, watching over the lighthouse and guiding ships through the treacherous waters.

But one night, during a raging storm, Alfred discovered something unusual. The light from the lighthouse was being reflected in a mysterious cave at the base of the cliffs. It was as if the cave was calling out to him, and he couldn't resist the temptation to explore it.

The Enchanted Cave

Alfred descended the winding stone steps and entered the darkness of the cave. He was greeted by a mesmerizing sight. The cave was illuminated by glowing blue crystals, casting a soft light throughout the space. Alfred felt as if he had stepped into a world of magic.

He cautiously ventured forward and discovered an ancient parchment lying on a stone. It was an old tale of a forgotten treasure hidden by the sea spirits many centuries ago. The parchment revealed that the treasure could be found with the help of a secret key.

The Quest for the Treasure

Alfred decided to find the treasure and bring its magic to the world. He set out to solve the riddle and find the secret key that would unlock the path to the treasure. Knowing he couldn't do it alone, he sought help from some unexpected friends.

He encountered a clever seagull named Matilda, who was an expert at finding hidden treasures, and an adventurous dolphin named Finn, who knew the secrets of the sea. Together, they embarked on an exciting journey through deep waters, treacherous cliffs, and mysterious islands to find the magical key.

Along the way, they encountered obstacles and solved riddles, but their friendship and cooperation made them stronger. They also met friendly sea creatures who aided them on their journey, offering courage and wisdom.

The Path to the Treasure

After many adventures and challenges, Alfred, Matilda, and Finn finally reached the hidden island where the treasure was said to be found. They followed clues and hints that led them deeper into the heart of the island.

At the top of a tower made of coral and seaweed, they stood face to face with the secret key. Alfred took the key in his hand and realized that it wasn't just a key to the treasure but also a key to his own inner strength and bravery.

With the key in hand, they ventured into a deep cave where the treasure awaited. Their eyes were met with a dazzling light as they stood before a chest filled with magical pearls and gemstones that shimmered like stars.

The Gift of the Treasure

Alfred opened the chest, and a wave of magic filled the room. The treasure turned out to be a collection of wishes and dreams. Each pearl and gemstone represented a wish that could be fulfilled and a dream that could come true.

Alfred, Matilda, and Finn each took a pearl from the treasure and made a wish for what mattered most to them. Alfred wished for peace and safety for all seafarers, Matilda wished for a world free from ocean pollution, and Finn wished for all sea creatures to live in harmony.

The treasure not only granted their wishes but also bestowed upon them the strength to continue protecting the sea and its beauty. They knew they would return to the lighthouse with a mission to spread the magic of the sea and preserve its treasures forever.

The Mysterious Lighthouse, Alfred, Matilda, and Finn had discovered the secrets of the sea and found a treasure of wishes and dreams. Their journey was filled with friendship, bravery, and discovery.

From that day forward, the lighthouse became not only a place that guided ships safely to port but also a place filled with magic and hope. The sea spirits smiled down upon the lighthouse and its keeper, for they knew that their secret had been discovered and preserved by Alfred and his friends for eternity.

The End

Den Skæve Katteskole

Engang var der en helt almindelig kat ved navn Oliver. Han boede hos sin menneskefamilie, hvor han nød at lege og putte sig i solen. Men en dag skete der noget helt uventet.

Oliver fik et brev i sin postkasse. Det var en invitation til en skole, der kun var for katte. Brevet fortalte om en skæv og magisk skole, hvor katte kunne lære fantastiske ting og opdage deres skjulte talenter.

Oliver var nysgerrig og spændt. Han besluttede sig for at tage imod invitationen og begive sig afsted til Den Skæve Katteskole.

En Verden af Magi

Da Oliver ankom til skolen, blev han mødt af en farverig og skæv bygning. Kattene løb rundt og legede mellem de skæve trapper og hemmelige passager. Der var en duft af eventyr og magi i luften.

Inde i skolen mødte Oliver en flok katte med forskellige personligheder og evner. Der var den dristige Scratch, der var ekspert i klatring og eventyr, den kloge Luna, der kunne læse tanker, og den legesyge Whiskers, der var mester i magiske tricks.

Oliver opdagede hurtigt, at hver kat havde sine egne unikke evner og talenter. Skolen var fyldt med lektioner om at fange mus, balancere på reb og forstå den hemmelige kattemagi.

Venskab og Mod

Oliver blev venner med en særlig kat ved navn Mia. Mia var venlig og omsorgsfuld og havde en særlig evne til at helbrede syge dyr med hendes berøring. De to katte lærte og udforskede skolen sammen, og deres venskab voksede sig stærkere for hver dag.

Men en dag opdagede Oliver, at skolen var i fare. En ond troldmand havde planer om at stjæle skolens magiske krystaller og bruge deres kraft til at dominere verden. Oliver og Mia vidste, at de måtte handle og forhindre troldmanden i at ødelægge alt det, de holdt af.

Med mod og venskab i hjertet begav Oliver og Mia sig ud på en farlig mission for at redde skolen og befri krystallerne fra troldmandens greb. De stod over for farlige fælder og udfordringer, men deres tapperhed og tro på hinanden gjorde dem stærke.

En Skæv Sejr

Efter mange eventyr og prøvelser nåede Oliver og Mia frem til troldmandens gemmested. De kæmpede mod troldmanden og hans onde kræfter, brugte deres evner og lærte lektionerne fra skolen.

Med en sprudlende gnist af kattemagi lykkedes det Oliver og Mia at befri krystallerne og forvandle troldmanden til en harmløs kanin. Skolen og kattene var reddet, og freden blev genoprettet.

Skæve Eventyr Fortsætter

Efter sejren fejrede kattene deres triumf og venskab. Oliver og Mia blev anerkendt som helte og modtagere af Den Skæve Katteskoles ærespris.

Skolen forblev en skæv og magisk oase, hvor katte kunne udforske deres evner og være sammen med ligesindede. Oliver og Mia fortsatte med at lære og vokse, og de tog på nye eventyr sammen med deres venner.

Den Skæve Katteskole blev et symbol på venskab, mod og opdagelse. Kattene lærte, at det er vigtigt at være tro mod sig selv, at hjælpe andre og at følge deres drømme.

I den skæve og magiske verden af Den Skæve Katteskole opdagede Oliver og Mia, at deres forskelligheder var deres største styrke. Gennem venskab og mod lærte de at overvinde udfordringer og forsvare det, de holdt af.

Skolen forblev et sted, hvor katte kunne udforske deres talenter og opdage den magi, der bor i dem. Og selv efter mange år ville kattene huske deres tid på Den Skæve Katteskole som de mest eventyrlige og mindeværdige dage i deres liv.

Slut

The Quirky Cat School

Once upon a time, there was an ordinary cat named Oliver. He lived with his human family, enjoying playtime and basking in the sun. But one day, something unexpected happened.

Oliver received a letter in his mailbox. It was an invitation to a school exclusively for cats. The letter spoke of a quirky and magical school where cats could learn incredible things and discover their hidden talents.

Oliver was curious and excited. He decided to accept the invitation and set off to attend The Quirky Cat School.

A World of Magic

Upon arriving at the school, Oliver was greeted by a colorful and eccentric building. Cats ran around and played among the crooked staircases and secret passages. There was a scent of adventure and magic in the air.

Inside the school, Oliver encountered a group of cats with different personalities and abilities. There was the bold Scratch, who excelled at climbing and adventuring, the wise Luna, who could read minds, and the playful Whiskers, who was a master of magical tricks.

Oliver quickly discovered that each cat had their own unique abilities and talents. The school was filled with lessons on mouse catching, balancing on ropes, and understanding the secret cat magic.

Friendship and Courage

Oliver befriended a special cat named Mia. Mia was kind and caring, with a special ability to heal sick animals with her touch. The two cats learned and explored the school together, and their friendship grew stronger each day.

But one day, Oliver discovered that the school was in danger. An evil wizard had plans to steal the school's magical crystals and use their power to dominate the world. Oliver and Mia knew they had to take action and prevent the wizard from destroying everything they held dear.

With bravery and friendship in their hearts, Oliver and Mia embarked on a dangerous mission to save the school and free the crystals from the wizard's grasp. They faced perilous traps and challenges, but their courage and belief in each other made them strong.

A Quirky Triumph

After many adventures and trials, Oliver and Mia reached the wizard's hideout. They battled the wizard and his dark forces, utilizing their abilities and lessons learned from the school.

With a spark of feline magic, Oliver and Mia succeeded in freeing the crystals and transforming the wizard into a harmless bunny. The school and the cats were saved, and peace was restored.

Quirky Adventures Continue

After their victory, the cats celebrated their triumph and friendship. Oliver and Mia were recognized as heroes and recipients of The Quirky Cat School's prestigious award.

The school remained a quirky and magical haven where cats could explore their abilities and be among like-minded companions. Oliver and Mia continued to learn and grow, embarking on new adventures alongside their friends.

The Quirky Cat School became a symbol of friendship, courage, and discovery. The cats learned the importance of staying true to themselves, helping others, and following their dreams.

In the quirky and magical world of The Quirky Cat School, Oliver and Mia discovered that their differences were their greatest strength. Through friendship and courage, they learned to overcome challenges and defend what they held dear.

The school remained a place where cats could explore their talents and discover the magic within them. And even after many years, the cats would remember their time at The Quirky Cat School as the most adventurous and memorable days of their lives.

The End

Den Magiske Boghandel

Engang i en lille by boede der en pige ved navn Emilia. Emilia var en drømmer, der elskede bøger og eventyr. Hun tilbragte timer i byens boghandel og drømte om at blive en del af de fantastiske historier, hun læste.

En dag, mens Emilia bladrede gennem hylderne i boghandlen, bemærkede hun en gammel, støvet bog, der skilte sig ud. Bogen havde ingen titel og var dækket af en tåget aura. Det var som om, den kaldte på hende.

Emilia kunne ikke modstå fristelsen og åbnede bogen forsigtigt. Med et glimt af lys blev hun suget ind i en fortryllet verden fyldt med eventyr og magi.

Den Magiske Boghandel

Da Emilia trådte ind i den magiske verden, opdagede hun, at hun befandt sig i en vidunderlig boghandel. Hylderne var fyldt med bøger, der åndede og hviskede deres historier til dem, der lyttede.

Boghandleren, en ældre dame ved navn Magdalena, bød Emilia velkommen med et varmt smil. Magdalena var en klog og mystisk kvinde, der forstod bøgernes hemmeligheder og hjalp dem med at finde deres læsere.

Emilia blev hurtigt venner med Magdalena og lærte om den magiske verden af bøger. Hun opdagede, at boghandlen var et sted, hvor bøger kunne tage form som levende væsener og interagere med læserne.

Bogen uden Titel

Emilia blev draget mod den mystiske bog uden titel, som hun havde fundet i den virkelige verden. Hun indså, at bogen var mere end bare en historie. Den var et portalt til den magiske verden, hvor hun var endt.

Sammen med Magdalena begav Emilia sig ud på en mission for at finde bogen og opdage dens hemmeligheder. De rejste gennem forskellige eventyr og mødte karakterer fra kendte historier, der hjalp dem på deres rejse.

Undervejs lærte Emilia og Magdalena om mod, venskab og betydningen af at tro på sig selv. De opdagede også, at historierne i bogen havde en dybere betydning og kunne ændre virkeligheden omkring dem.

Kampen mod Mørket

Da Emilia og Magdalena nærmede sig slutningen af deres rejse, opdagede de, at der var en ond kraft, der truede med at sluge den magiske verden af bøger. Denne kraft var Mørkets Bog, en bog fyldt med ødelæggelse og kaos.

Emilia og Magdalena indså, at de var nødt til at stoppe Mørkets Bog og genoprette balancen i den magiske verden. De samlede en gruppe af eventyrfigurer og magiske væsener for at kæmpe imod Mørkets Bog og dens mørke kræfter.

I en episk kamp mellem lys og mørke, mellem fantasi og ødelæggelse, kæmpede Emilia og hendes venner imod Mørkets Bog og dets håndlangere. Med mod, venskab og tro på magien i bøgerne triumferede de og genoprettede harmonien i den magiske verden.

Tilbage til Virkeligheden

Efter kampen vendte Emilia tilbage til den virkelige verden, men hun bar minderne om sin rejse og den magiske verden af bøger med sig. Hun vidste, at selvom hun var tilbage i sin almindelige hverdag, ville eventyret aldrig forsvinde fra hendes hjerte.

Emilia fortsatte med at besøge den magiske boghandel og tale med Magdalena om hendes oplevelser. Hun lærte, at selv i den virkelige verden kunne bøger åbne døre til fantastiske eventyr og lære os værdifulde lektioner.

Den Magiske Boghandel og Emilia's rejse viste hende, at bøger har en særlig kraft til at tage os med på utrolige eventyr og forvandle vores liv. Gennem venskab, mod og tro opdagede Emilia, at hun kunne skabe sin egen historie og lade fantasiens magi berige hendes hverdag.

Og selv når bogen var lukket, og eventyret var slut, ville Emilia altid bevare minderne om den magiske boghandel og drømmen om endeløse eventyr i sit hjerte.

Slut

The Magical Bookstore

Once in a small town, there lived a girl named Emilia. Emilia was a dreamer who loved books and adventures. She spent hours in the town's bookstore, dreaming of becoming a part of the fantastic stories she read.

One day, while browsing the shelves in the bookstore, she noticed an old, dusty book that stood out. The book had no title and was surrounded by a hazy aura. It was as if it was calling out to her.

Emilia couldn't resist the temptation and gently opened the book. With a flash of light, she was pulled into an enchanted world filled with adventure and magic.

The Magical Bookstore

As Emilia stepped into the magical world, she discovered herself in a marvelous bookstore. The shelves were filled with books that breathed and whispered their stories to those who listened.

The bookstore owner, an elderly woman named Magdalena, welcomed Emilia with a warm smile. Magdalena was a wise and mysterious woman who understood the secrets of books and helped them find their readers.

Emilia quickly became friends with Magdalena and learned about the magical world of books. She discovered that the bookstore was a place where books could take the form of living beings and interact with readers.

The Untitled Book

Emilia was drawn to the mysterious untitled book she had found in the real world. She realized that the book was more than just a story. It was a portal to the magical world she had entered.

Together with Magdalena, Emilia embarked on a mission to find the book and uncover its secrets. They journeyed through various adventures and met characters from well-known stories who aided them on their quest.

Along the way, Emilia and Magdalena learned about courage, friendship, and the importance of believing in oneself. They also discovered that the stories within the book held deeper meanings and had the power to change the reality around them.

The Battle Against Darkness

As Emilia and Magdalena neared the end of their journey, they discovered that an evil force threatened to engulf the magical world of books. This force was the Book of Darkness, a book filled with destruction and chaos.

Emilia and Magdalena realized they had to stop the Book of Darkness and restore balance to the magical world. They gathered a group of adventure characters and magical creatures to fight against the Book of Darkness and its dark forces.

In an epic battle between light and darkness, between fantasy and destruction, Emilia and her friends fought against the Book of Darkness and its minions. With bravery, friendship, and a belief in the magic of books, they triumphed and restored harmony to the magical world.

Back to Reality

After the battle, Emilia returned to the real world, but she carried the memories of her journey and the magical world of books with her. She knew that even though she was back in her ordinary everyday life, the adventure would never fade from her heart.

Emilia continued to visit the magical bookstore and talk to Magdalena about her experiences. She learned that even in the real world, books could open doors to incredible adventures and teach us valuable lessons.

The Magical Bookstore and Emilia's journey showed her that books have a special power to take us on incredible adventures and transform our lives. Through friendship, courage, and belief, Emilia discovered that she could create her own story and let the magic of imagination enrich her everyday life.

And even when the book was closed, and the adventure was over, Emilia would always cherish the memories of the magical bookstore and the dream of endless adventures in her heart.

The End

Den Forsvundne Nøgle til Eventyrland

Engang boede der en dreng ved navn Felix, der var kendt for sin nysgerrighed og opfindsomhed. En dag, mens han gik tur i parken, fandt han en gammel, rusten nøgle. Nøglen var indgraveret med mystiske symboler og udstrålede en svag glød.

Felix vidste instinktivt, at denne nøgle var noget helt særligt. Han besluttede sig for at undersøge dens hemmelighed og opdage, hvilken dør den passede til.

Porten til Eventyrland

Efter flere dages søgen stod Felix endelig foran en gammel trædør, der matchede nøglens form. Han tøvede et øjeblik, men hans eventyrlyst fik det bedste af ham, og han åbnede døren mod det ukendte.

Da døren åbnede sig, trådte Felix ind i en fantastisk verden. Eventyrland strakte sig foran ham med sine farverige landskaber, magiske skabninger og fortryllende steder.

Felix indså, at han havde opdaget en skjult verden, der kun var tilgængelig for dem, der havde modet til at følge nøglen. Han var klar til at udforske Eventyrland og se, hvilke spændende oplevelser der ventede ham.

Mødet med Vennernes Kredsløb

I Eventyrland mødte Felix en gruppe unikke og usædvanlige karakterer kaldet Vennernes Kredsløb. De var en broget samling af væsener, hver med deres egen særlige evne og personlighed.

Der var Violet, en tålmodig elver, der kunne vokse blomster i selv de tørreste jord; Hugo, en snu dværg, der var en mester i at finde skjulte skatte; Aurora, en eventyrlysten fe, der spredte glæde og lys omkring sig; og Oliver, en venlig kæmpe, der altid var klar til at beskytte sine venner.

Sammen begav de sig ud på eventyr i Eventyrland og opdagede utrolige steder som Enkeltårnet, Skovlabyrinten og Sølvsøen. De overvandt farer og løste gåder ved hjælp af deres unikke evner og venskabets styrke.

Den Onde Heks' Forbandelse

I deres eventyr opdagede Felix og Vennernes Kredsløb, at Eventyrland var blevet ramt af en ond heks' forbandelse. Landet var dækket af en mørk skygge, og de magiske væsener var fanget i en søvnig tilstand uden mulighed for at vågne.

Felix og hans venner besluttede sig for at finde heksens gemmested og bryde forbandelsen. De rejste gennem farlige labyrinter, modige mørke skove og tårnhøje bjerge.

Undervejs mødte de modstand og blev udfordret af heksens håndlangere. Men med deres mod og venskab formåede de at overvinde alle hindringer og nærme sig heksens tilflugtssted.

Brydning af Forbandelsen

Endelig nåede Felix og Vennernes Kredsløb frem til heksens skjulested, det dystre Sorteslot. De stod over for heksens ondskabsfulde latter og udfordringer, der testede deres styrke og beslutsomhed.

Med hjælp fra Vennernes Kredsløb og den magiske nøgle, som Felix havde fundet, lykkedes det dem at bryde forbandelsen. Lys og farver fyldte Eventyrland, og de magiske væsener vågnede op fra deres søvn.

Felix og hans venner blev hyldet som helte i Eventyrland, og de blev fejret med en stor fest. De vidste, at deres venskab og mod havde reddet Eventyrland og genoprettet balancen mellem magi og virkelighed.

Den Forsvundne Nøgle til Eventyrland havde ført Felix på en utrolig rejse fyldt med venskab, mod og opdagelse. Gennem Eventyrland havde han lært vigtigheden af at følge sine drømme, tro på sig selv og hjælpe andre.

Selvom Felix vendte tilbage til den almindelige verden, forblev minderne om Eventyrland levende i hans hjerte. Han vidste, at han altid ville have nøglen til magien inden for sig og at nye eventyr ventede på ham i enhver bog, han åbnede.

Slut

The Lost Key to Adventureland

Once, there lived a curious and resourceful boy named Felix. One day, while taking a walk in the park, he found an old rusty key. The key was engraved with mysterious symbols and emitted a faint glow.

Felix instinctively knew that this key was something special. He decided to uncover its secret and discover which door it belonged to.

The Gateway to Adventureland

After days of searching, Felix finally stood before an old wooden door that matched the shape of the key. He hesitated for a moment, but his curiosity got the better of him, and he opened the door to the unknown.

As the door swung open, Felix stepped into a fantastical world. Adventureland stretched out before him with its colorful landscapes, magical creatures, and enchanting placcs.

Felix realized that he had stumbled upon a hidden world accessible only to those who had the courage to follow the key. He was ready to explore Adventureland and see what exciting experiences awaited him.

Meeting the Circle of Friends

In Adventureland, Felix encountered a group of unique and extraordinary characters called the Circle of Friends. They were a diverse collection of beings, each with their own special abilities and personalities.

There was Violet, a patient elf who could grow flowers in even the driest soil; Hugo, a crafty dwarf who was a master at finding hidden treasures; Aurora, an adventurous fairy who spread joy and light wherever she went; and Oliver, a friendly giant who was always ready to protect his friends.

Together, they embarked on adventures in Adventureland, discovering incredible places like the Lonely Tower, the Forest Maze, and the Silver Lake. They overcame dangers and solved puzzles using their unique abilities and the power of friendship.

The Curse of the Evil Witch

During their adventures, Felix and the Circle of Friends discovered that Adventureland had been plagued by the curse of an evil witch. The land was covered in a dark shadow, and the magical creatures were trapped in a sleepy state with no hope of awakening.

Felix and his friends resolved to find the witch's hiding place and break the curse. They journeyed through treacherous mazes, ventured into dark forests, and climbed towering mountains.

Along the way, they faced resistance and challenges from the witch's minions. But with their bravery and friendship, they managed to overcome all obstacles and draw closer to the witch's lair.

Finally, Felix and the Circle of Friends arrived at the witch's hideout, the gloomy Black Castle. They confronted the witch's wicked laughter and faced challenges that tested their strength and determination.

With the help of the Circle of Friends and the magical key Felix had found, they succeeded in breaking the curse. Light and colors flooded Adventureland, and the magical creatures awakened from their slumber.

Felix and his friends were hailed as heroes in Adventureland, and they were celebrated with a grand feast. They knew that their friendship and bravery had saved Adventureland and restored the balance between magic and reality.

The Lost Key to Adventureland had taken Felix on an incredible journey filled with friendship, courage, and discovery. Through Adventureland, he learned the importance of following his dreams, believing in himself, and helping others.

Although Felix returned to the ordinary world, the memories of Adventureland remained alive in his heart. He knew that he would always carry the key to magic within him and that new adventures awaited him in every book he opened.

The End